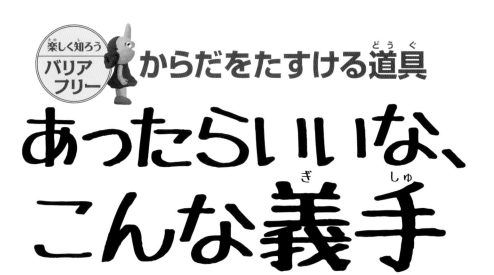

楽しく知ろう
バリアフリー
からだをたすける道具

あったらいいな、こんな義手

著　斎藤多加子

協力　（公財）鉄道弘済会　義肢装具サポートセンター

汐文社
ちょうぶんしゃ

「あったらいいな」が「ある」になる

　もし、空飛ぶ足があったら。もし、うんとのびる腕があったら。もし、超スピードで移動できるいすがあったら……。

　そんな道具があったら、だれだってヒーローになってカッコつけたり、とんでもないイタズラをしてみんなで大笑いしたり、なんだか楽しくなりそう。考えるだけで私はとってもワクワクします。

　でもすでにそんな不可能を可能にする道具があるんです。そうした道具のおかげで、からだの不自由な人たちが、これまであきらめていたことをどんどん実現できるようになってきています。足がない人でも競技用義足があることで、とても早く走れたり、手がない人がロボット風のかっこいい義手で目立っちゃったり、みんなが乗ってみたーいと思うような多機能の車いすが出てきたり。

　道具によって、できないことがどんどんなくなる。からだの不自由な人もそうでない人もべんりなくらしができるようになってきています。

　でも、もっともっとべんりな道具や設備が作れるはずです。たとえば、段差があるところに行くのをあきらめていた足が不自由な人も、そこにエレベータやスロープがあれば、行くことができます。そして、それは、足に問題がない人たちにとってもべんりな道具です。

　みんなの町やくらしをよりよくするため、あなたなら、どんな道具があったらいいなと思いますか？　そして、それは、どんな人たちのためになる道具ですか？

　この本では、いろいろなからだをたすける道具を紹介しています。それらの道具を知って、その道具を使っている人たちのことを考えてみてください。

　道具を考えるということは、それを使う人のことを考えること。

　ほかの人のことを考えるようになったとき、べんりな道具も、くらしやすい町も、気持ちのいい社会も「あったらいいな」から、「ある」になるでしょう。

　そうすれば、だれもがにこにこできる未来があるでしょう。

斎藤多加子

も く じ

私の左手、つけかえられるの。

「義手」

っていうのよ。

「義手」は、手の代わりになる道具なの。
生まれつき手のない人や
病気や事故で手がなくなってしまった人が使うの。

この義手は
指が動かない
から……

楽器をひくのが
むずかしい

そうだ！
手を楽器にすれば
楽しく演奏できる！

手にくっついて
ふけなかった……

手を楽

バイオリン専用の義手で演奏する伊藤真波さん。海外のテレビで紹介されたこともあるんだ。

5本指の義手よりひきやすい!?　バイオリン義手！

　交通事故で右腕を失ってしまった伊藤真波さん。でも「だれよりも笑う人生を選ぶ。腕がないことを言い訳にしない」と決めたんだって。

　そして、小さいころから習っていたバイオリンを再びひくために専用の義手を作ったんだよ。肩甲骨を外側に動かすと、ひじにあたる部分から出ているケーブルが手先具（12ページ）を引っぱって、バイオリンの弓をひくしくみなんだ。「見かけが変でも一生懸命やれば関係なくなるの。これは世界でひとつだけの宝物の義手」と言う伊藤さん。ふだんの生活で使う義手とは別に、音楽やスポーツなどを楽しむための義手も作れるんだね。

器にしちゃってる！

伊藤さんはいろいろな
義手を使いわけているよ

おでかけのとき
本物そっくり
の義手

お仕事のとき
細かい
作業用の
義手

日本初の義手の看護師なの。これは注射針やガーゼなど細かいものを扱える義手です。驚く患者さんもいるから、信頼してもらうことが大事です。

事故のあと、この義手をつけることで、外出できるようになったの。私にとって魔法の手。いまはあまり使わなくなりました。

泳ぐとき
つけない

2008年のパラリンピック日本代表でした。泳ぐときは義手をつけないの。手のない姿を堂々と見せられてうれしい！

お母さんのとき
つけない

子どもがふたりいます。人より時間がかかることもあるけど、楽しんでやってます。

え、ピアノ義手？
そうとう重い
よね!?

よーし！
うちらはバンドを
組むわよ！

私は義手を使いわけてるよ

義手をつける、つけないは自分で選ぶ

私は、義手がなくてもいろいろできるから、義手をつけたり、つけなかったりするの。義手を使うのは、そのほうが楽だったり、べんりだったりするときよ。

両手の長さをそろえたいとき

本物そっくりに見えるこの義手をつけると、左右の腕の長さがそろうから、おさらを両手で持ったり、字を書くときに紙をおさえたりできてべんりなの。

工作をするとき

手先がバネじかけでハサミみたいになっている義手も持ってるよ。工作の時間とか、小さいモノもしっかりつまめるからラクラク～。

おしゃれをするとき

長そでのかわいい服を着るときは、義手をつけたほうがそでがぺらぺらしなくていいなって思ってる。ゆびわやブレスレットもつけられるから、おしゃれが楽しめるもんね。

でもスポーツは
うまくできない
ものもあって……

ほんとうは
たくさんのスポーツに
挑戦したいんだけど……

よーし！
こうなったら、スポーツ用具の手にして
いっぺんにいろんな
スポーツをやっちゃおう！

へーい！　ボール投げて！

重すぎて上がらない……

ええ〜！ホントにスポーツそれ

三須穂乃香選手（右）と中川もえ選手（左）はパラ陸上100メートル女子の期待の星。海外遠征でも活躍しているよ。

早く走るための義手があるんだ

　地面に両手をついて走り出す「クラウチングスタート」。義手があると両手を地面につけられるから、より低く構えてスタートが切れる。おまけにふつうの義手より軽くできているから、スピードが落ちない。それどころか、義手があったほうが左右のバランスがとれるんだって。

　選手やスポーツによっては、義手をつけない場合もあるけど、トレーニングのときには義手をつけたほうが筋肉が左右バランスよくつくから、運動成績が上がるそうだよ。

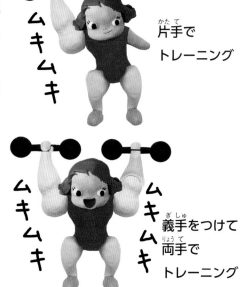

ムキムキ

片手で
トレーニング

ムキムキ ムキムキ

義手をつけて
両手で
トレーニング

ぞれに義手がある！

©TRS/trsprosthetics.com

まだまだあるよ！　スポーツ用義手

バレーボール用、剣道用、自転車用、スキー用、ほかにも釣り用、水泳用、ウェイトトレーニング用など、たくさんの義手があるよ。義肢装具士さん（14ページ）に相談すれば、やりたいことができる義手を作ってくれる。義手は、その人の力を引き出して、いろんなことに挑戦させてくれる。そうして、可能性を広げてくれるんだね。

よーし！
どんなボールでも
キャッチしたる！

私の義手はこんなの

手の動きに合わせて、いろんな義手があるの

つまむ、つかむ、おさえる、にぎる……手は、いろんなことをするから、義手もいろんな種類がある。小さいモノをつまめる「能動用義手」、ある特定の目的のための「作業用義手」、電気で指先が動く「筋電義手」、本物の手そっくりな「装飾用義手」、生活に合わせて使いわけているよ。

これは能動用義手

肩や腕の動きでケーブルを引っぱると手先具が閉じたり、開いたりする義手。かんたんに動かせて、小さいモノもちゃんとつまめるから、よく使ってるよ。

作業用義手もある

手先具の部分が道具の形をしていて、それぞれの活動や作業に合わせてつけかえられる。とび箱のときは平らな形の、鉄ぼうのときは、ぼうに引っかける形の手先具にかえるんだ。

鉄ぼう用

とび箱用

装飾用義手もある

本当の手みたいに見える。指の部分には針金などが入っているから、まげたりできるよ。

おーい、なんできどってるんだ?

よ

義手の種類

指や手、腕が残っている長さによって、義手はかわる。

手指義手
指がない人用。

わたしは
これ

手部義手
手のひらの一部
がない人用。

前腕義手
ひじはあるけど、
手首がない人用。

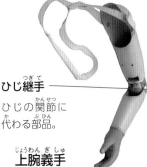

ひじ継手
ひじの関節に
代わる部品。

上腕義手
肩はあるけど、ひじがない
人用。

※肩から腕がない人には、「肩義手」というのもあるよ。

ハーネス
義手を固定するための両肩から背中にかけるバンド。肩や腕の動きをケーブルに伝えて、手先具を動かす。

上腕カフ
ひじより上の部分の腕と義手を固定するためのもの。義手の上げ下げをしたり、作業するときにずれないようにする。

ケーブル
ハーネスと手先具をつなぐ部分で、ケーブルが引っぱられることで、手先具が動く。

断端
手や足など、からだの残っている部分の先の部分。義手でも義足でも、この断端部分がいたくならないことが大事。

ソケット
腕を入れる部品。中にゴムでできたライナーというものをつけてからはめる義手もある。

手継手
手首の関節に代わる部分。手首の角度をかえたり、手先具をつけかえられる。

手先具
モノをつかむ部分。

義手で困ること

とってもべんりな義手だけど、困ることもある。

腕がムレてかゆくなる

ソケットはプラスチックだから、汗を吸わない。中に入れるライナーもゴムだから、夏は特に暑くて大変。毎日きれいにしないとね。

ぴったり合ってないと重く感じてつかれる

ぴったりフィットしてないと腕に負担がかかって、重く感じてしまう。自分に合った義手であることが大事！

太ったり、やせたりできない

せっかくからだに合った義手を作っても、太ったりやせたりすると、合わなくなって、いたくなったり、はずれやすくなっちゃう。

指の部分が折れたり、すりへったり

指先は細いし、よく使うから、こわれたり、すりへって破れたり。取れにくいよごれがつくのも困るんだ。

筋電義手ができるまで

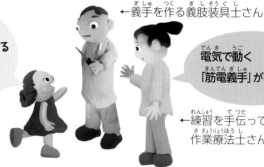

思ったように
手を閉じたり開いたりできる
本物の手みたいな
義手にしたいの

←義手を作る義肢装具士さん

電気で動く
「筋電義手」があるわよ

←練習を手伝ってくれる
作業療法士さん

お医者さん

しゅくだい

おそうじ

おかたづけ

私の代わりに
働く手が
ほしいんだけど……

なまけると、
からだが弱っちゃうよ
義手でできることを
増やしていこう

❶電気信号がとれるか調べる

筋電義手は、筋肉が動くときに発生する電気で動く。それを読みとる電極（センサー）に反応するか病院で調べる。

働く手！
ほしいかも!!

❷断端の型をとる

腕と義手をつなぐソケットを作るため、包帯を巻いて型をとる。

また数週間後に
来ます
よろしく
お願いします

よっしゃ！

石こうを
入れて

固まった型の形
を整える

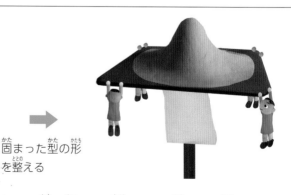

❸ソケットの型を作る

②の型に石こうを流しこんで固める。熱でやわらかくしたプラスチックをかぶせ、中の石こうを抜いたら仮合わせソケットのできあがり。

④組み立て

形を整えたソケットにほかの部品をつけて、組み立てる。

⑤フィッティング

仮合わせソケットをつけてみて、気になることを相談する。その後、実際のソケットを作る。

ボールを持ったり

ブロックやサイコロをつまんだり

薄い紙をつまんだり

まずは手を開いたり、閉じたり

⑥リハビリテーション

作業療法士さんと練習したり、家でも訓練して、電極に電気信号をうまく読みとらせるコツをつかむ。
毎日１時間くらいは練習が必要なんだって。

筋電義手のしくみ

指先が動く義手がある

　それが「筋電義手」。「筋電」の「筋」は「筋肉」のこと。「電」は「電気」のこと。

　みんなが手や足を動かそうとするとき、筋肉から弱い電気が出る。筋電義手は、その電気の信号を受けとって、指を動かす義手だから、自分の意思で指を閉じたり、開いたりできるんだ。

「ボールをつかむぞ」って
私が思うと、
腕の筋肉から
電気信号が出るよ

指を開くための電極

断端にある指を開くための筋肉に電極をつける。指を開こうと思うと、電気信号が出て、指が開く。

おーい、筋肉が手を開けってさ！

オッケー！

電気信号くん

指を閉じるための電極

断端にある指を閉じるための筋肉に電極をつける。指を閉じようと思うと、電気信号が出て、指が閉じて、モノをつかむ。

バッテリー

充電式の電池。

電動ハンド

中にモーターが入っていて、電極から出た電気信号を受けとると、開いたり、閉じたりする。

カバーをつけると
ふつうの手と
かわらない！

でもね、
義手を動かしてると
ジロジロ見られることが
あって……

どうせ見られるなら
目立っちゃいたい

超目立つ、のび〜るおもちゃの手にしてみた！
見て見て！
こーんなにのびるよ

まずは先生のカツラを
とってみた

やめなさい……

目立つ！かっこいい義手 VS

すっごくかっこよくて、楽しそうな義手があるよ。デザインだけじゃなく、手の甲からビームみたいに光が出るタイプもあるんだ。

©Open Bionics/openbionics.com

映画やアニメのヒーローみたい！

自分の手がなんでもできる強いサイボーグの手だったら……みんなのそんな夢を義手が先にかなえるかもしれない。イギリスの Open Bionics という会社が作った「ヒーローアーム」というシリーズは、かっこいいし、３Dプリンタで作れるから、世界中で作る

ことができるんだよ。
せっかく義手をつけるなら目立ちたい、ということで、おもちゃのブロックで義手を作る人やお花やへびなどハデなデザインの義手をつける人などもいる。
みんなはどんな義手を作りたい？

目立たない！超リアル義手

本物そっくりな「人工ボディ」

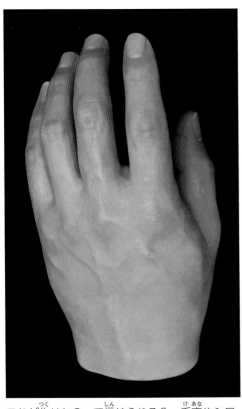

これが作りものって信じられる？　毛穴やシワ、触ったやわらかさまで本物そっくりの義手だよ。

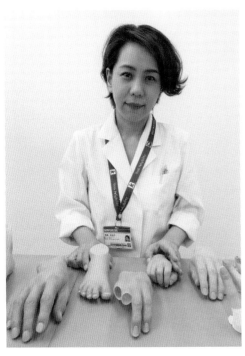

血管ひとつひとつまで見事に再現された義手。こんなふうに失ったからだの一部を本物そっくりに復元する「人工ボディ」は魔法のつえだと人工ボディ技師の福島有佳子さんは言うよ。

「事故や病気で、ある日突然、手や足を失う。ものすごくショックですよね。からだの一部がなくなっただけでなく、それまでできていたことができなくなるというショックもある。人工ボディをつけることで、またいろいろなことにもチャレンジしてもらいたい。だから、本当に手がもどってきたと思えるくらいリアルな手を一生懸命作ります」

人工ボディは、手だけじゃなく、ショックや悲しみで失った心をとりもどす義手なんだね。

「手や足を失ったことで引きこもっていた子が、人工ボディをつけることで、心が軽くなる、人前に出られるようになる。そして、そこから、自信をつけて、人工ボディをはずしても平気になるといいな」と言う福島さん。

私は究極の目立たない手、透明義手にする！

透明か……って、そのほうが目立つよ！リンゴ、浮いてるし！

進化する義手

いつでも自分で作れる

３Dプリンタは読みこんだ設計図通りに立体を作ってくれる機械だよ。いま、その３Dプリンタを使って、だれでもかんたんに義手を作れる時代になってきた。手の動きは複雑だから、それぞれの動きに応じた義手がほしい。必要な人が、いつでもほしい義手を手に入れられるなんてステキだよね。

この義手は、残った手の関節の動きを利用して手を閉じたり開いたりできる。残っている手の長さによって何種類も設計図があり、自分に合ったものを選べるようになっている。

インターネット経由で送られてきた設計図を３Dプリンタで出力すると……

義手を作るための部品が立体で出てくる。

作り方の映像を見ながら組み立てる。

完成！

©e-NABLE/enablingfuture.org

いいなぁ
私たちでもつけられる
新しい手はないの？

あるよ。
「ロボット
アーム」
というんだ。

© 早稲田大学 岩田浩康研究室

あったらいいな、が、すぐ形になる

「こんな義手がほしい！」という使っている人の声を、クリエイターがコンピュータでデザインして、すぐに3Dプリンタで形にするんだ。何度でも試すことで、本当にほしい義手に近づけられるようになった。

コンピュータでデザインされたデータは、遠くの人に送ることもできる。

だれかの「あったらいいな」というアイデアが、世界中の人に届いて、いろんな「あったらいいな」につながっていくんだね。

立食パーティーではおさらとフォークを両手で持てない。でもこの3Dプリンタで作った「おさら義手」のアイデアが問題を解決してくれた！　現在、開発中だよ。

がんで右腕を肩から切断しなくてはならなかった倉沢奈津子さんは、自分の左肩のデータを反転させて、自分にぴったり合う肩装具を3Dプリンタで作ってもらった。

©NPO法人 Mission ARM Japan

腕が3本あればべんりだろうなあ、もう1本、手がほしいって思ったことない？　実際に2本の腕では難しい作業をもう1本の腕がたすけてくれる、そんな第三の腕がロボットアームだ。

脳波を読みとって動く腕や、声で指示を伝えるとその通りに動く腕など、いま世界中で研究されているんだ。

早稲田大学が開発中のロボットアームは、肩につけたアームがメガネから発するレーザーで照らした位置に動くタイプだ。声にも反応するよ。

みんな、千手観音みたいになれるかも！

21

聞いてみたよ　義手のこと

① これ、いつも
きみがつけてる手だ。
触ってもいい？

いいよ。

コチョ
コチョ

② ウヒヒヒ！
いや〜ん！
くすぐったい。

え？　なんで
感じるの⁉

③ ははは
ふしぎだろう？
作りものの
手なのにね。

あ！　河島さん。

④ 河島さんは、
義手にまつわる
からだの感覚と技術を
研究している人なの。

⑤ きみ！　この手を1分で
きみの手にして
みせようか。

な、なんすか？
ぼく、手、あるし、
手品ですか⁉

⑥ まず、片方の手を
自分から見えない
ようにして、

義手を
見えるほうに
置く。

⑦ 1分間、手と義手の同じところを同時にたたいたり、こすったり……

親指トントン

こっちも親指トントン

⑧ わぁぁ！くすぐったい！

いま義手しかくすぐってないよ。

きみは、義手を自分の手と思いこんだんだ。

⑨ 事故などで手を失った人が、ないはずの手をいたがったり、かゆがったりすることがある。

手の感覚は、人の頭の中にあるんだ。

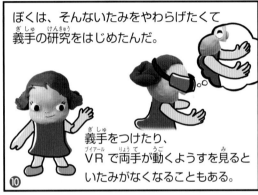

⑩ ぼくは、そんないたみをやわらげたくて義手の研究をはじめたんだ。

義手をつけたり、VRで両手が動くようすを見るといたみがなくなることもある。

⑪ なにして遊んでいるんですか？

プニプニ

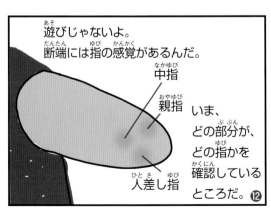

⑫ 遊びじゃないよ。断端には指の感覚があるんだ。

中指

親指

いま、どの部分が、どの指かを確認しているところだ。

人差し指

河島さんはこんな実験を行っているよ。
※名古屋工業大学の田中由浩さんとの共同研究

義手の指にセンサーを組みこみ、断端の指の感覚の部分に振動装置をつけて……

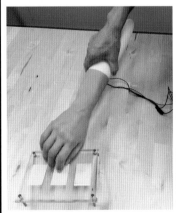

⑬ 義手にザラザラしたものを触らせ、振動を断端に伝える。

あぁ！
ザラザラを感じます！

ね？
触感を感じる
義手が
近い将来
できるよ。

⑭

義手は手の形をしたただの道具じゃない。
からだの一部なんだ。

⑮

ところで、きみたち
指って5本いると思う？

もちろん！ 5本いります！

⑯

実はほとんどの手の機能は
3本指で十分なんだ。

ええ！

それを
形にした義手が
「Finch」だ。

⑰ ※大阪工業大学の吉川雅博さんとの共同開発

「Finch」は機能を重視したからこそ
軽くて使いやすいんだ。
小泉瑛心くん（小3）は
いつも「Finch」を使っている。
見せてもらおう。

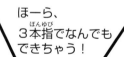

ほーら、
3本指でなんでも
できちゃう！

⑱

24

へえ～
かっこいい。

ぼくらも
つけてみたいなぁ。

⑲

そう、きみたちも
「つけてみたいな」と
思えることが大事なんだ。

かっこいい
メガネをかけてみたい
と思うようにね。

⑳

メガネをかけることを
はずかしがる時代もあったんだよ。
でもいまはそうじゃない。

むかし

勉強ばっかして
目が悪いんだ
やーい、ガリ勉！

いま

メガネ、
おしゃれ～
にあってる～

㉑

義手もそろそろそう思われて
いいんじゃないか、と思っているんだ。

その義手、
かわいい～。

㉒

みんなが義手の人を見て
「かわいそう」と思わない
ようにするのが、
ぼくの仕事なんだ。

そうかぁ。

㉓

あ、さっき実験したぼくの手！
鼻をほじるなー！
指がヌメヌメ感じる‼

㉔

ぼくらが開発している義手は、からだの不自由な人たちをたすけるだけでなく、その人のからだが持っている力を引き出して、その人の生活をより良いものにするための道具なんだ

河島則天さん

国立障害者リハビリテーションセンター勤務。からだのしくみを研究しながら、障害の不便さを医学とテクノロジーを使ったモノ作りで解決する研究をしている。義手だけでなく、からだの障害を補助する装置やリハビリ装置をさまざまな分野の人と協力して開発している。

義手を体験・勉強できる！

義肢装具サポートセンター

だれでも参加できる施設公開日に義手や義足の体験ができるよ。

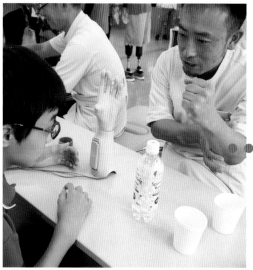

腕の筋肉の造り、動かし方、部品の説明を聞く。

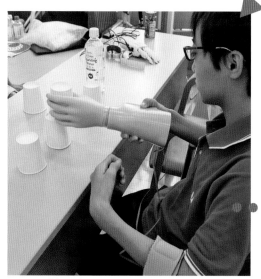

「わあ、指が動いた！」もうひとつの手で義手を持ち、コップやペットボトルをつかんだり、はなしたり。慣れると楽しい！

筋電義手体験

自分の筋肉を動かす電気信号を使って、はなれている筋電義手を動かしてみよう。

手を閉じたり開いたりするセンサーを腕につける。

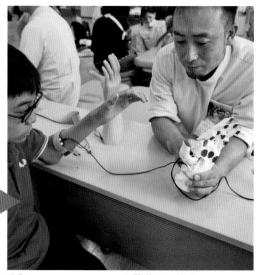

３Ｄプリンタでできた電動義手も体験。ロボットの手を動かしてるみたいだ。

義手工作教室

義手作りに関わっている岩山翔大さんが、だれでもかんたんに作れて、つけられる紙でできる義手を教えちゃうよ。

岩山さん

紙の義手を作ろう

用意するのは厚手の紙とハサミとのり。あとは、好みのかざりや紙ねん土などがあれば、いいよ。

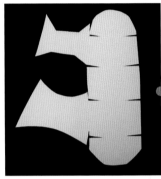

まず、展開図通りに紙を切る。

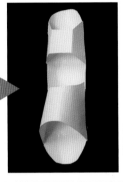

折り曲げて、はりあわせる。型がしっかりくっついたら、好きなかざりをつける。

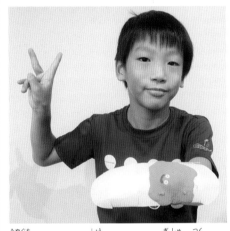

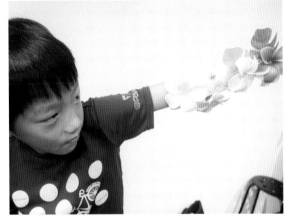

宮口いぶきくん（小3）はこんな義手を作ってみたよ。紙ねんどで好きなキャラクターを作ってもいいし、おもちゃをかざっても、絵をかいてもいいね。

川村義肢装具歴史展示室

義手の勉強ができる

70年前の貴重な日本の義手から最新の義手まで展示している資料館。義手製作所の見学ツアー（要予約）もあるからあわせてたずねてみよう。

無料で見学できる展示室は、小学校から高校までの校外学習にもよく利用されているよ。

Q&A まだまだ聞き

Q 義手って、おふろのときや寝るときはどうしてるの？

A ずっとつけてると汗もかくし、身軽になりたいから、家に帰るとはずす人が多い。おふろはぬれるとこまるからみんなはずしてるよ。寝るときも必要ないから、つけないんだ。

zzz...

Q 重たいにもつを持っても、義手は、はずれないの？

A ソケットがぴったりフィットしてればだいじょうぶ。手先の動く能動義手や筋電義手なら、実験で約20キログラムの重さまで持てることが証明されているよ。でも、フィットしていないと、にもつを持たなくても抜けてしまうことがある。サイズが合っているかどうかは、とても大切なんだね。

怪力義手があったらいいな

Q 義手はスマホやゲームのタッチパネルに反応するの？

A 反応する義手も開発されはじめているけど、いま使われている義手のほとんどは反応しないよ。義手をつけてる子もゲームをするときは、義手をはずして操作するんだって。

たい質問コーナー

Q 筋電義手をつけてる人って多いの？　少ないの？

A 日本では腕がない人のうち半分くらいは、そもそも義手をつけていないんだって。その中で筋電義手にしている人は、数パーセント、ほんのわずかしかいない。それに対して、欧米では義手をつける人がとても多くて、ドイツならそのうちの70パーセント、アメリカでも40パーセントは筋電義手を使っているそうだよ。

欧米の人は、足りないものは補おうという考えが強いから、腕がないなら、義手をつけよう、つけるなら機能的な筋電義手をつけようと思うのかもね。
日本でも、最近では子どものころから筋電義手をためす人が増えてきている。日本は技術力があるから、3Dプリンタでいろいろな電動義手を発展させるかもね。

Q 作りかえるのは、いつ？

A 人それぞれだけど、子どもの義手で、毎日使われているなら、半年に一度は作りかえるよ。全部作りかえなくても、成長に合わせて、ソケットだけ交換したり、こわれた指や手首を直したりもする。年をとって手がシワシワになったり、夏休み中に日焼けしちゃったら義手の色をかえたりもするよ。

へえ、私はくいしんぼうだから、回転ずしができる義手が、あったらいいな

おいおい、すぐこわれそうだぞ〜

Q　義手って、つけなくてもだいじょうぶなの？

A　だいじょうぶ。人にもよるけど、義手を使わずに生活してる人はたくさんいる。義手をつけてる人でも、義手をつけないほうが楽チンなときは、つけないですごくふうをしているよ。

足でスライサーを持って野菜の皮をむく。

おふろのときは、タオルをかべに引っかけて、からだを洗ってる。

おかしのふくろなんかは、口を使って開ける。

ぼくは、両手がないけど、おさらの端を使って、スプーンをテコの要領で動かして食事しているよ。

今日、義手つけてこなかったんだー

にもつ、たくさんだね　持つよ

うん、暑いから、後でつけるのにもつ、ありがと〜

あったらいいな
いろんな義手

きみなら、
どんな義手を作る？
義手のこと、
いっぱい知って考えてね。

●著者

斎藤多加子（さいとうたかこ）

粘土絵作家。肢体不自由児の母。著書に『なっちゃうかもよ』『ほんとうになっちゃうかもよ』（共にPHP研究所）がある。

●協力

公益財団法人　鉄道弘済会　義肢装具サポートセンター

義肢製作所として1944年に設立。民間における国内唯一の、義肢装具の製作から装着訓練に至るまで一貫した諸サービスを提供する総合的リハビリテーション施設。義足体験を全国で行い、障害者スポーツの支援、義足のファッションショーなど、福祉の普及にも努める。

●編集
岩井真木

●デザイン
芝山雅彦（スパイス）

●取材協力
伊藤真波／日本パラ陸上競技連盟／三須穂乃香／中川もえ／ TRS inc.
桑山大介（公益財団法人　鉄道弘済会　義肢装具サポートセンター）／オットーボック・ジャパン株式会社
Open Bionics ／福島有佳子（川村義肢株式会社 工房アルテ）／ e-NABLE ／ Ultimaker ／ NPO法人Misson ARM Japan
倉沢奈津子／早稲田大学 岩田浩康研究室／河島則天（国立障害者リハビリテーションセンター）／小泉瑛心
岩山翔大／宮口いぶき／川村義肢装具歴史展示室／中村隆（国立障害者リハビリテーションセンター）

●撮影・写真協力
山田結花／浦田一彦（公益財団法人　鉄道弘済会　義肢装具サポートセンター）

●参考資料
「諸外国における筋電義手の公的支援制度」日本職業・災害学会会誌第49巻5号　川村次郎ほか　著

この本に掲載されている情報は2020年2月のものです。

楽しく知ろうバリアフリー　からだをたすける道具（どうぐ）
あったらいいな、こんな義手（ぎしゅ）

2020年2月　初版第1刷発行

著　　斎藤多加子
協　力　（公財）鉄道弘済会　義肢装具サポートセンター
発行者　小安宏幸
発行所　株式会社汐文社
　　　　〒102-0071　東京都千代田区富士見1-6-1
　　　　TEL 03-6862-5200　FAX 03-6862-5202
　　　　URL https://www.choubunsha.com
印　刷　株式会社暁印刷
製　本　株式会社暁印刷

ISBN 978-4-8113-2660-3